Freude herrscht!

Gefreiter Josef Aufdemstroh

Zeichnungen: Werner Pfister

ISBN 3-9521927-0-8

Inhalt

Abkürzungen

AdA **A**ngehörige(r) **d**er **A**rmee
Gfr Gefreiter

VBS heisst primär:

- Eidgenössisches Departement für **V**erteidigung, **B**evölkerungsschutz und **S**port

VBS hat auch andere Bedeutungen:

- **V**ereinigung **B**rot und **S**piele
- **V**ery **B**est **S**portsman
- **V**ery **B**est **S**portsmen
- **V**ery **B**usy **S**portsman
- **V**ery **B**usy **S**portsmen
- **V**orsteher **B**evorzugt **S**port
- **V**aterland! **B**etreibe **S**port!
- **V**ery **B**eautiful **S**ports
- **V**erhaltenskodex **b**ei **S**tudienreisen
- **V**erein **B**erner **S**tadttheater
- **V**ery **B**est **S**hoes
- **V**ery **B**eautiful **S**ight

Liebe Leserinnen und Leser

In der Allgemeinen Schweizerischen Militärzeitschrift (ASMZ) vom Oktober 1997 forderte Jürg Stüssi-Lauterburg, Postfach, 5210 Windisch, im Auftrag der Gruppe für Freunde des Humors die Leserinnen und Leser der ASMZ auf, ihm OGI-Witze zuzustellen.

Jürg Stüssi, Dr. phil./Historiker, ist Chef der Eidgenössischen Militärbibliothek, Bundeshaus Ost, 3003 Bern. Er bekleidet den Grad eines Oberstleutnants im Generalstab.

Bis Frühjahr 1999 sandte ich Jürg Stüssi etwa 40 OGI-Witze, -Geschichten usw. ein.
Auf Befragen erhielt ich im Sommer 1999 die schriftliche Antwort, der Druck werde «im Jahre 2000(?)» erfolgen. Gestützt auf diese unsichere Prognose entschloss ich mich nolens volens, selber als «Schriftsteller» tätig zu werden.

Ich freue mich, Ihnen nachfolgend unter dem Titel **«Freude herrscht!»** *dieses und jenes über Bundesrat Adolf Ogi zu erzählen.*

Woher kommt dieser von unserem Militär- und Sportminister häufig verwendete Ausdruck der Freude?

Schon vor etwa sechzig Jahren war dieser Terminus gang und gäbe. In «Globi wird Soldat» (1. Auflage 1940, mit einem Begleitwort von General Henri Guisan) lesen wir:

> *«Freude herrscht und Harmonie*
> *In der ganzen Kompanie!»*

Seit Jahrhunderten (!) wird der Freude im englischen Sprachraum oft wie folgt Ausdruck gegeben:

«Joy rules the Day!»

Es war sehr angenehm, mit dem Zeichner Werner Pfister – Bundesrat Ogi war einst sein Skilehrer – zusammenzuarbeiten. Ich konnte auf die Unterstützung meiner Familie, Verwandten, Freunde, Militärkameraden usw. zählen. Herzlichen Dank.

Die Leserinnen und Leser werden gebeten, mir Kritiken am «Freude herrscht!» mitzuteilen und mir – oder Jürg Stüssi, Konkurrenz ist auch hier sehr erwünscht – weitere Witze/Gschichtli usw. über den Chef VBS zuzustellen.

3438 Lauperswil (Emmental), Dezember 1999

Mit freundlichen Grüssen
Gefreiter Josef Aufdemstroh

* * *

Am 14. Dezember 1999 erhielten wir von der Buchbinderei «Freude herrscht!».
Dank gütiger und grosser Mithilfe von Père Noël war an Weihnachten 1999 die erste Auflage vergriffen.
Die zweite (unveränderte) Auflage liegt nun vor.

3438 Lauperswil (Emmental), Februar 2000

Gefreiter Josef Aufdemstroh

Dölf in der Autowaschanlage

Auf Anhieb bestand Dölf die Autoprüfung glänzend. Noch am Prüfungstag kaufte er einen bodenständigen neuen Personenwagen.

Am darauffolgenden Samstagmorgen pilotierte er den Neuwagen in die Autowaschanlage.
Der Bedienungsmann staunte nicht schlecht, als er das Auto beim Verlassen der Autowaschanlage OHNE CHAUFFEUR erblickte. PUDELNASS STAND DÖLF NEBEN DEM AUTO.

Zum Sachverhalt befragt, erklärte Dölf:
«I ha genau nach Befähl a dr Wang ghandlet: Fenster hoch, **GANG RAUS!**»

Dölf am Ganges

Mit einem «Gang» hatte Dölf auch später zu tun.
Mit der Bahn unternahm er mit einem Militärdienstkollegen eine Fahrt in osteuropäische Länder.
Im Orientexpress schlief er ein.

Als er schlaftrunken bei einem Zwischenhalt des Zuges erwachte, sagte er zu seinem Kollegen: «Si mir jtz scho i Indie?»

Der Kollege: «Warum chunsch Du uf di kurligi Idee?»
Dölf: «Gugg eis, dert isch agschribe: ‹Information jenseits des **Ganges**›.»

Verhängnisvolle Verwechslung SALON/SALAUD*

Adolf war eben in Kandersteg konfirmiert worden.

Von seinem Götti hatte er zur Konfirmation einen Gutschein zum Besuch des Autosalons (mit Bahnbillett) in Genf erhalten.

Auf dem Weg vom Bahnhof Genf zum Autosalon verirrte sich Dölf. Einem vorbeigehenden Concitoyen klopfte Dölf auf die Schulter und fragte in français fédéral: «Sal**o**?» Der Angesprochene verabreichte Dölfen wortlos eine Ohrfeige.

Ungläubig marschierte Dölf weiter. Beim nächsten Passanten wiederholte er schulterklopfend die Frage «Sal**o**?».

Er erhielt erneut eine (diesmal kräftigere) Ohrfeige.

Als geschlagener Mann kehrte Dölf an den Bahnhof zurück und bestieg den Zug. Das Billett zum Eintritt in den Autosalon blieb unbenützt.

Beim Aussteigen in Kandersteg traf er zufällig seinen früheren Französischlehrer. Dieser fragte Dölfen, wie es ihm in Genf gefallen habe. Dölf: «Es isch ä herti Sach gsy. Wenn I nid hät FRANZÖSISCH chönne, wär i nid läbig zrüggcho!»

* Schmutzfink/gemeiner Kerl

Surprise: «Chaut» erwies sich als heiss

Nach Schulaustritt war Dölf Internatsschüler in La Neuveville. Seine Eltern besuchten ihn am dritten Sonntag des ersten Schuljahres. Um die rechte Hand trug Dölf einen Verband. Auf die Frage seines Vaters, was er an dieser Hand habe, antwortete Dölf:
«Ig ha dr Hane ‹CHAUD› dräit, es isch aber heisses Wasser cho, u i ha d'Hang verbrönnt.»

Rekrut Dölf OGI qualifiziert seinen Kompaniekommandanten

Rekrut OGI schrieb abends im Ausgang in der Soldatenstube in der zweiten RS-Woche einen Brief.

Der am gleichen Tisch sitzende Kompaniekommandant zu Rekrut OGI: «Itz chöit Dir schrybe, was Eue Kadi für ne **Schpinnsiech** isch.»

Darauf Rekrut OGI:
«I schrybe nid zwöimal ds Gliche, das hani mire Familie scho letscht Wuche gschribe.»

Dölf OGI – ein exzellenter Mann des Feuers

Dölf OGI musste von Gesetzes wegen in seiner damaligen Wohngemeinde Kandersteg Feuerwehrdienst leisten.

Als erster Feuerwehrmann erschien Dölf auf dem BRANDPLATZ, als der Dachstock eines Hotels brannte.

Dem schweissstriefenden Dölf stellte sich der ausländische Hoteldirektor in den Weg:

«Wohin des Weges
O Mann des Feuers?»

Darauf Dölf:

«Zum Herd des Brandes
Du Kopf des Schafes!»

Dölf OGI löschte den Brand, Personenschaden entstand keiner, der Sachschaden war gering.

Die Analysen des Brandes und der Löscharbeiten ergaben folgendes:
Der schnelle, mutige und sachkundige Einsatz von Dölf hatte einen Grossbrand verhindert.

Zum Begriff «Wehrmann»

Der Begriff ANGEHÖRIGE(R) DER ARMEE (AdA) war zu Zeiten, als Dölf Rekrut und Korporal war, noch nicht bekannt. Man benutzte die Bezeichnung «WEHRMANN». Es tauchte sogar die Wunderbezeichnung «WEHRMANN **männlichen** GESCHLECHTES» auf (in einem alten Wahl- und Abstimmungsreglement der Armee).

In den **Tagebüchern** der Einheiten herrschte eine PRÄCHTIGE SPRACHLICHE VIELFALT.

Ein Beispiel: «Der Hausdrache und die Schildwache unterhielten ein Verhältnis miteinander, das zum Glück nicht ohne Folgen blieb: Er gebar ihr einen flotten Sohn/Eidgenossen, dem sie zeitlebens ein guter Vater sein wird.»

Grenadier Dölf OGI im Anschluss an die Rekrutenschule zur Erholung auf einem ÄLPLI

Nach der Rekrutenschule erholte sich Dölf OGI – wie schon früher – auf dem stotzigen Heimetli seines Onkels. Besonders gerne betätigte er sich als **MELKER.**

Ein berockter Wandersmann – offensichtlich ein Schotte – lief neben dem Alphüttli vorbei und grüsste Dölfen freundlich: «Hello **MISTER!**» In seinem Stolz hart verletzt antwortete Dölf: «I bi nid MISTER, i bi dr MÄLKER!»

In der schweiz. Agrarwirtschaft/Agrarpolitik ist einiges unklar, doch gilt bei den landwirtschaftlichen Berufsarten folgende unbestrittene Hierarchie (von unten nach oben): Wilderer – Hersteller unerlaubter gebrannter Wasser – **MISTER** – Heuer – Karrer – Holzer – **MELKER.**

J bi nid MISTER

I BI DR MÄLKER!

Tags darauf hatte sich eine Gruppe Engländer bei Dölfs Onkel angemeldet zur Besichtigung des Alpbetriebes. Der Onkel zu Dölf: «Dölf, la Geisseni usi; d'Englender wei Gemschini gugge!»

Neuernannter Kpl Ogi

Nach der Brevetierung zum Korporal marschierte Adolf durch die Lauben von Bern. Er begegnete Divisionär Friedrich Rünzi, dem Kommandanten der 3. Division (Bernerdivision) in den Jahren 1960–1964.

Die beiden führten ein Gespräch miteinander. Zu seiner Überraschung wurde Divisionär Rünzi von Kpl Ogi GEDUZT. Er stellte den selbstbewussten Unteroffizier zur Rede. Verwundert über die Kritik des Divisionärs rechtfertigte sich der Gemassregelte: «I ha gmeint, im Militär syge alli Hechere Duzis.»

Der Gefreite Aufdemstroh erinnert sich an eine Begebenheit mit Divisionär **Rünzi**: Der Gefreite Aufdemstroh leistete den Wiederholungskurs mit seiner Einheit in Eggiwil BE, wo sich damals in der Dorfmitte ein Gehege mit Affen befand.

Soldat Freudiger – sehr tüchtig im Felde, gleichzeitig aber das unbestrittene Kompaniechalb – stecke den Finger in das Affengehege: Ein Affe biss kräftig zu und machte innert Sekundenbruchteilen Soldat Freudiger kampfunfähig. Der Kompaniekommandant entschloss sich, den wackeren Soldaten im Dienst zu behalten, auf dass ihm der WK angerechnet werde.

An einem Montagmorgen, ca. 10.00 Uhr, spazierte Soldat Freudiger als unterbeschäftigte Kantonnementswache durch Eggiwil; der (demonstrativ) viel zu grosse Verband um den rechten Zeigefinger glänzte in der Morgensonne.

Plötzlich tauchte der Dienstwagen des Divisionskommandanten auf. Div Rünzi drehte die Autoscheibe herunter und fragte den Verbandsträger: «Was heit Dir gmacht? Isch es schlimm?» Soldat Freudiger wie aus der Pistole geschossen: «**I bi vom Aff bisse, Herr Divisionär.**» Natürlich folgerte Divisionär Rünzi, Soldat Freudiger wolle ihn zum Narren halten. Er stieg aus. Zuerst heftiges Wortgefecht. Nach der Aufklärung der Angelegenheit **HERRSCHTE FREUDE** bei beiden Wehrmännern. Der Divisionskommandant lud das Kompaniechalb in die nahegelegene Wirtschaft ein zu einer warmen Morgentasse ...

Kpl Dölf OGI doziert seiner Rekrutengruppe die militärischen Grade

Kpl OGI: «Ei Spaghetti: Lütnant. Zwei Spaghetti: Oberlütnant. Drei Spaghetti: Houptme. Ei Nudle: Major. Zwei Nudle: Oberschtlütnant. Drei Nudle: Oberscht.»

Plötzlich erschien auf etwa 20 m Distanz ein Divisionär auf dem Exerzierplatz.

Ein Rekrut wollte wissen, welche Funktion dieser Bekränzelte habe. Kpl OGI: «Das isch dr Diräkter vo dr Teigwarefabrik.»

Korrosion

Kpl Dölf OGI fragte seinen Rekruten Remigius MUNTER, Chemiestudent an der Universität Bern: «Warum, Rekrut Munter, muess me dr GWEHRLOUF NACH EM SCHIESSE YFETTE?»

Rekrut Munter, glücklich über die Verwertung hart erarbeiteten zivilen Wissens: «Ds Yfette verhinderet KORROSION.»

Kpl Ogi: «Chutzemischt. Hüt nach em Houptverläse: NACHEXERZIERE! Dass Dir ein für allimal wüsset: Ds Yfette verhinderet dr ROSCHT!

Im Duden (Fremdwörterbuch) ist die KORROSION wie folgt definiert: «Chemische Veränderung an der Oberfläche fester Körper (z.B. von Gesteinen und von Metallen)»

Des Kpl OGI Lieblingsspeise

Einfach und preisgünstig war die LIEBLINGSSPEISE von Kpl OGI: KUTTELN (die bekanntlich den Angehörigen der Armee vorgesetzt werden, wenn der Fourier mit dem Verpflegungskredit am Ende ist).

Als Korporal kehrte Kpl OGI in einem Bahnhofbuffet der Ostschweiz ein und bestellte ‹CHUTTLE›.

Die Kutteln wurden gebracht. Während dem Essen unterhielt sich Dölf längere Zeit mit dem Wirt.
Der Wirt: «Der Sprach na sind Sie ä BERNER.»
Dölf: «U de CHUTTLE na bisch Du ä SOUHUNG!»

Hptm Ogi setzt sich durch, auch gegenüber Akademikern

Am Hauptverlesen der von ihm kommandierten Geb Gren Kp 17 befahl Hptm OGI: «Ganze Kompanie Mütze ab!»

Der Kompaniekommandant liess seinen Blick über seine Mannen schweifen und kritisierte: «My Befähl gilt o für dä Ma ganz zhingersch rächts!»

Darauf der Feldweibel: «Herr Houptme, das isch dr HYDRANT!» Leicht verärgert und forsch Hptm OGI: «Spilt ke Rolle. My Befähl gilt o für AKADEMIKER!»

Die Wunder der Technik

Ein Amerikaner, ein Appenzeller und Dölf OGI diskutierten über die WUNDER der TECHNIK.

DER AMERIKANER: «Das grösste Wunder der Technik ist eine SPACE SHUTTLE: Sie funktioniert während Wochen selbst im luftleeren Raum und ist multifunktional verwendbar.»

DER APPENZELLER: «Das grösste Wunder der Technik ist das GUGGERZYTLI. Jahraus/jahrein kommt der GUGGER pünktlich heraus und braucht erst noch kein Vogelfutter.»

DÖLF: «Das grösste Wunder ist die THERMOSFLASCHE. In ihr bleibt im Sommer der Tee kalt, im Winter bleibt er warm.» – Die beiden Gesprächspartner erklärten übereinstimmend, sie könnten hier beim besten Willen kein Wunder feststellen.

Dölf: «Well. Das grosse Wunder ist, dass die THERMOSFLASCHE IMMER WEISS, ob Sommer oder Winter ist.»

Der neugewählte Bundesrat Adolf OGI schläft an der Seine

Einige Wochen nach seiner Wahl in den Bundesrat besuchte Adolf mit seiner Gemahlin Käthi PARIS.

Glücklich, dankbar und zufrieden spazierten die beiden der SEINE entlang. Nach etwa halbstündigem Spaziergang sagte der von den Festivitäten der vergangenen Tage leicht ermüdete Adolf zu Käthin, es solle den Spaziergang allein fortsetzen, er wolle sich auf der angetroffenen Bank ausruhen. So getan.

Bei der Rückkehr zur Ruhebank fand Käthi Adolfen schlafend und schnarchend vor. Käthi weckte ihren Gatten und erklärte ihm, es mache sich schlecht, wenn ein Bundesrat vor Spaziergängerinnen und Spaziergängern schlafe und schnarche. Der gemassregelte Adolf setzte sich beleidigt zur Wehr: «Dert am Hus steit: ‹RUE DU COLLEGE›.

D **RUE** het mir würklich guet ta. Mini **KOLLEGE** hätte sicher Verständnis für mis Schlafe.»

Adolf an einem Ball in Bonn

Adolf besuchte mit seiner Gemahlin in Bonn einen Wohltätigkeitsball; das Ehepaar OGI sass mit Bundeskanzler Helmut KOHL und dessen Gattin am Ehrentisch.

Der Bundeskanzler entfernte sich für längere Zeit vom Tisch, er führte Gespräche vorwiegend mit verschiedenen Politikerinnen und Politikern.

Schliesslich kehrte er an seinen Platz zurück und fragte Adolfen laut und vernehmlich: «Na, Adolf, hast du schon mit meiner Gemahlin getanzt?»

Adolf: «Nein, Helmut. Das SCHWEIN habe ich noch nicht gehabt.»

Bundespräsident Adolf Ogi bei Staatspräsident François Mitterrand

Bundespräsident Adolf Ogi war, in Begleitung seiner Frau Käthi, zu Gast bei seinem französischen Amtskollegen in Paris. Am Abend wurde ein Empfang gegeben zu Dölfs Ehren.

Dölf, darob sehr entzückt, zu seinem Gastgeber: «La fête est très beau ...».

Hierauf Dölfs Gemahlin flüsternd: «**Belle**, Adolf, **belle** ...», worauf der Bundespräsident blitzschnell: «Wau, wau.»

Die amerikanische Verfassung und das Weisse Haus: Vorbilder für die Schweiz

Auch die grössten schweizerischen Patriotinnen und Patrioten müssen gestehen, dass die Verfassung der USA in vielen Bereichen uns Helvetiern (die Helvetierinnen hatten damals noch nichts zu sagen) als Vorbild diente.

Noch zu Zeiten des Präsidenten George **BUSH** stattete Bundesrat Adolf OGI dem Weissen Haus einen Besuch ab. Wieder im Bundeshaus in Bern, gab der Bundesrat am Wochenrapport mündlich folgende WEISUNG bekannt:
«Im Weissen Haus ist jede Bürotüre mit **‹PUSH›** angeschrieben. Ich will, dass meine Mitarbeiterinnen und Mitarbeiter sich – wie in den USA – mit ihrem Chef identifizieren. Fortan ist jede Bürotüre mit ‹OGI› anzuschreiben.»

Whiskies in London

Einige Stunden vor dem EM-Eröffnungsspiel 1996 England–Schweiz im Wembley-Stadion besuchte Dölf mit einem Fussball-Fan aus Kandersteg ein PUB der englischen Metropole. Dölf bestellte ganz staatsmännisch: «Whiskies.»
Darauf der Waiter: «**Dry?**» Antwort von Dölf:
«No, we are nume **TWO!**»

Englischer Cupfinal

Der Faszination des Besuches eines englischen Cupfinals in London konnte auch Dölf sich nicht entziehen. Er flog vom Belpmoos nach London und benutzte vom Flughafen die Untergrundbahn zur Wembley-Station. Beim Betrachten des gelösten **TICKETS** murmelte er: «I muess itz besser zu mym GWICHT luege, sie wüsse scho hie, dass i **DICKED** ha.»

Ferien auf ESPERANTO

Angesichts kommender internationaler Aufgaben (Partnership for Peace: Einsatz von bewaffneten und unbewaffneten AdA im Ausland; usw.) ortete Bundesrat Adolf OGI bei sich selber mangelnde Fremdsprachenkenntnisse. Er fragte Frau Bundespräsidentin Ruth DREIFUSS, welche Sprache er lernen solle.

Die Innenministerin riet ihm, ESPERANTO-Stunden zu nehmen; er solle ihr nach etwa vier Wochen mitteilen, ob ihm die ESPERANTO-Stunden gefallen.

Kürzlich erstattete Bundesrat OGI seiner Kollegin den gewünschten Bericht: «Di ESPERANTO-Stunde gfalle mir sehr guet; wenn i de di Sprach no chli besser beherrsche, **gan i uf ESPERANTO i d'Ferie.**»

La geesperantistoj (=Esperanto-Freunde) werden sich zahlreich im GROSS-FLUGHAFEN BELPMOOS einfinden zur Verabschiedung des Chefs VBS nach ESPERANTO:

«Bonajn feriojn, sinjoro federacia konsilisto!»

Neptun (Poseidon)

Dölf fuhr mit einem Segelkameraden aus der Koje bei THUN aus. Auf hoher See fragte er den Kapitän, wie das Segelschiff heisse. «NEPTUN», gab der stolze Yachteigentümer zur Antwort.

Darauf Dölf: «Das isch ä guete, praktische Name. Ig ha grad es chlis Sägelschiff zuechita u has z'Spiez agleit. I gibe ihm der Name ‹NEBSPIEZ›.»

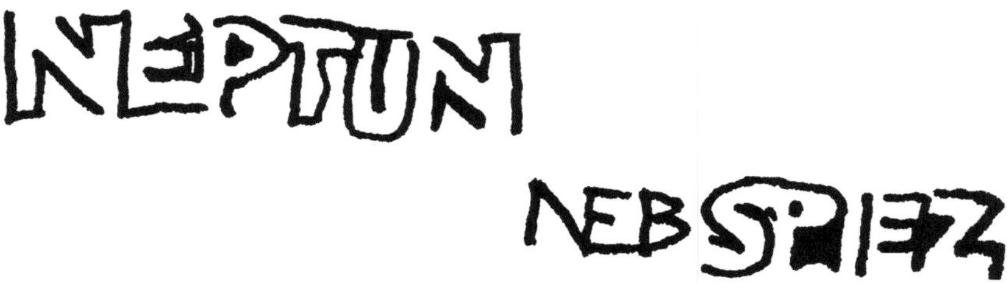

Dank Petrus: Seewanderung Spiez–Merligen

Beeindruckt von den Taten von Adolf OGI liess PETRUS den Bundesrat einen Wunsch äussern. Dölf kurzentschlossen: «I möchti gäre z'Fuess über ä Thunersee loufe vo Spiez nach Merlige.»

Petrus: «Ihr Wunsch, Herr Bundesrat, sei mir Befehl!»

Dölf schnallte hierauf die Schuhe **‹OGIdas›** (Halbschuhe ohne Profil) an. Dermassen zweckmässig beschuht machte Dölf sich auf den Weg.

Mitten auf dem See erblickten zwei Fischer den frohen Wandersmann. Da sprach der eine zum andern: «Lueg da, där DÖLFI! Dä cha nid emal schwimme!»

Bundesrat Adolf Ogi als vorbildlicher Krankenbesucher

Bundesrat Adolf OGI wollte in einer Psychiatrischen Klinik einen Patienten besuchen.
Im Gang des Hauptgebäudes unterhielt er sich mit einem ihm unbekannten Patienten.

Mit den Worten «Adolf Ogi, Bundesrat» stellte der Chef VBS sich vor. Hierauf der muntere Gesprächspartner:

«Das tribe si Dir i dä nächschte 14 Tag scho no us.»

Ein auch anwesender Assistenzarzt klärte den Patienten auf.
Der Bundesrat und der Patient suchten hierauf gemeinsam die CAFETERIA auf; bei Kaffee und Kuchen führten sie – allseits HERRSCHTE FREUDE – ein flottes Gespräch.

Fachmännische Entsorgung von drei Blindgängern durch Pascal COUCHEPIN und Adolf OGI

Am 31. März 1998 – einen Tag vor Amtsantritt als Bundesrat – begab sich Nationalrat Pascal Couchepin mit Bundesrat Adolf Ogi auf eine stundenlange Wanderung im Gantrischgebiet.

An abgelegener Stelle entdeckten die beiden frohgemuten Wanderer plötzlich **DREI** Blindgänger, es waren drei Explosiv-Übungshandgranaten 85 (EUHG 85), wie der Chef VBS innert Sekunden kundtat.
Pascal Couchepin (Ex-Hauptmann der Infanterie) zum Militärminister: «Wir müssen die Fundstelle markieren und hierauf die Kantonspolizei Bern verständigen; diese wird ihrerseits die Blindgängermeldezentrale (BMZ) avisieren.» Darauf Dölf:

«Dein Vorschlag ist sehr gut; ich gratuliere dir zu deinen Kenntnissen. Doch hätte ich als Kommandant der Geb Gren Kp 17 stets nach den Vorschriften gehandelt, ich hätte kein richtiges Gefechtsschiessen durchführen können. Als Chef VBS handle ich wie folgt:

Ich packe die drei Blindgänger in meinen RUCKSACK und transportiere sie auf die BMZ.»

Einwand von Pascal Couchepin: «Und wenn dann ein Blindgänger in deinem Rucksack EXPLODIERT?»

Der Verteidigungsminister: «NOTLÜGEN sind auch einem Bundesrat gestattet, ich werde der BMZ darlegen, wir hätten nur **ZWEI** Blindgänger gefunden.»

Die beiden Wanderer und die drei Blindgänger erreichten gegen Abend **unversehrt** die BMZ.

FREUDE HERRSCHTE!

Trotz intensiver Bemühungen ist es für die Armee unmöglich, sämtliche Geschossrückstände aufzuspüren. Oft sind es Zivilpersonen, die in freier Natur auf Blindgänger oder Munitionsteile treffen. Für solche Fälle gilt nach wie vor die Regel: «Nie berühren, immer markieren und sofort via Telefonnummer 117 melden.» Im Jahre 1998 gingen in der Blindgängermeldezentrale Thun über 1800 Anrufe ein; von Polizei, Militär- oder Zivilpersonen. Aufgrund dieser Meldungen fanden die Spezialisten 2920 Geschossrückstände. Der Grossteil davon (1410) waren scharfe Blindgänger.

Staatspräsident François MITTERRAND auf Besuch bei Bundespräsident Adolf OGI (1993)

Bundespräsident Adolf OGI legte grossen Wert darauf, seinem hohen Gast HELVETIEN AUS DER VOGELPERSPEKTIVE zu zeigen.

Auf dem HELIKOPTERFLUG im **Blüemlisalpgebiet** verdunkelte sich plötzlich der Himmel, kräftige Windböen durchschüttelten den Helikopter, baumnussgrosse Hagelkörner fielen, Blitz und Donner belebten die Wetterszene.

Mit schreckensbleichem Gesicht wandte sich der französische Staatspräsident an Bundesrat Ogi und rief: «Nous sommes **PERDUS!** Nous sommes **PERDUS!**» –

Seither rühmt sich ADOLPHE seiner **DUZ**-AMITIÉ mit FRANÇOIS. –

Das MANAGEMENT BY HELICOPTER habe übrigens bestens funktioniert: Mit gewaltigem Getöse starten, still und kleinlaut landen. (Mit dem Rücktritt der **Bundesanwältin** hat in Helvetien ein **hervorragendes Management by Helicopter** sein Ende gefunden.)

***

Für die RÜCKREISE NACH BERN nahmen die beiden Präsidenten – noch geschockt vom Helikopterflug – den Zug. Zwischen Thun und Bern wollte Dölf seinen Gast von der Leistungsfähigkeit der BLS (NINA-Komposition) überzeugen und hielt stolz fest: «Jetzt fahren wir mit 140 STUNDENKILOMETERN!» Darauf François Mitterrand: «Dieses Problem haben wir in Frankreich auch. Selbst unsere Züge ‹à grande vitesse (TGV)› müssen an BAUSTELLEN mit bloss 140 Stundenkilometern fahren.»

Blümlisalp

LE bière oder LA bière?

Adolf kehrte im Welschland bei grosser Hitze ein. Es gelüstete ihn nach einem Bier. Da er nicht wusste, ob man LE bière oder LA bière sagt, gab er folgende Bestellung auf: «Monsieur, apportez-moi trois bières.» Diese wurden gebracht. Adolf hierauf zum Kellner: «Prenez deux retour!»

Les BOCS

Zusammen mit dem früheren Oberfeldkommissär Oberst Ruedi Buri (Etzelkofen BE) besuchte Adolf das Bahnhofbuffet Fribourg.

Die beiden einigten sich auf die Bestellung von zwei Bier.

Der Garçon rief hierauf am Buffet laut hörbar: «Deux BOCS!»

Adolf **sofort** zu Rüedun: «Ruedi, mir wei **sofort** gah. Si kenne nis!»

Der Begriff **«sofort»** hat es in sich und wurde von Divisionär Rünzi (S.15) verboten. «Sofort» – so der Divisionskommandant – heisse für einen **Panzerleutnant** «höchstens drei Sekunden» und für einen **Juristen** «mindestens drei Jahre».

Man vergesse aber nicht:

Der Jurist

Er ist ein Christ
Durch dessen List
– welch' Rechtsartist! –
Ein jeder Zwist
(Oft grosser «Mist»!)
In kurzer Frist (!)
Erledigt ist ...

Jurist**INNEN** sind natürlich noch viel besser!

Jeremias Gotthelf sieht die Juristen anders. Nach ihm sind die ‹ADVOCATEN›, die «leibhaftigen Teufel, Skorpione, Blutsauger, Vieh, Lumpenpack, Bauernzägge, Charakterlumpen, Halunken, Papierfresser, Tintenschlecker, Heiden und Türken, Religionsfeinde ...» (vgl. H. U. **Dürrenmatt**, Die Kritik Gotthelfs am zeitgenössischen bernischen Recht, Diss. Zürich 1947, S. 172).

So ändern sich übrigens – diesmal zu Recht – die Zeiten: Der streitbare Pfarrer Jeremias Gotthelf war ein überzeugter Verfechter der Todesstrafe(!). Das schweizerische Strafgesetzbuch (in Kraft getreten am 1. Januar 1942) kannte die Todesstrafe nie. Im Militärstrafgesetz wurde die Todesstrafe – vorher vorgesehen für Kriegszeiten – am 1. September 1992 abgeschafft.

Vivaldi (1678–1741)

Dölf, ein grosser Hundenarr, schritt kürzlich in ein CD-Geschäft und verlangte nach «Hundestimmen».

Der Verkäufer, bass erstaunt ob diesem ausgefallenen Wunsch, fragte Dölf, ob er nicht genauere Angaben machen könne zum gewünschten Titel.

Darauf Ogi: «Uf Hochdütsch heisst die CD ‹Wie Waldi›.»

LE cœur oder LA cœur?

Adolf wusste nicht, ob man LE cœur oder LA cœur sagt. Man verwies ihn an Bundesrat Jean-Pascal Delamuraz.

Dieser belehrte Adolfen wie folgt: «Mon cher Dölfi, beides ist falsch. On dit ‹Liqueur›.»

Vivent les fruits ...

Bei einem Galadîner hörte Dölf, wie ein hoher Diplomat seine Tischnachbarin angesichts ihres leeren Weinglases fragte: «Darf ich Sie beweinen?»

Beim Dessert und angesichts der prächtigen Früchte versuchte Dölf sich seiner Tischnachbarin gegenüber ebenfalls in gehobener Sprache: «Darf ich Sie befruchten?»

Magische Apfelkerne

Adolf OGI kaufte im Direktverkauf ab einem Bauernhof im Emmental (genannt auch «Tal der Heulenden Winde») vier sogenannte MAGISCHE APFELKERNE, die als intelligenzfördernd bekannt sind. Kaufpreis: Fr. 10.– pro Stück. An Ort und Stelle verzehrte der Chef VBS die Kaufsache.

Des Magistraten Kurzkommentar: «I hetti gschyder ä Öpfel kouft. Dir heit mir gewöhnlichi Öpfelchärne verchouft.» Darauf der Verkäufer: «Öji Wort bestätige idrücklich: Di MAGISCHE Chräft vo dene Öpfuchärne würke bereits.»

Volume

Dölfs Schulfreund Housi besuchte Dölfen in seinem Büro im Bundeshaus Ost. Beim Betreten des Büros ertönte überlaute Ländlermusik aus Dölfs Radio. Housi machte eine leicht kritische Bemerkung betreffend der Lautstärke. Dölf stellte klar: «A mym Radio heisst's: ‹**VOLUME**›. Also han i **voll ume**dräit.»

Puzzle-Spiel als Erfolgserlebnis

Es begab sich aber zu der Zeit, dass Bundesrat OGI in der Angelegenheit des Vorschussmandatspezialisten Capitano B. in den Medien hart kritisiert wurde.

Beim Kaffee nach dem Morgenrapport Bundesrat OGI zu seinen Mitarbeiterinnen und Mitarbeitern:
«Gerade in diesen Zeiten braucht auch ein Chef VBS ein ERFOLGSERLEBNIS.

Ich hatte ein solches gestern Sonntagmorgen.
Ein Puzzle-Spiel löste ich problemlos in 15 MINUTEN.
Dabei stand auf der PUZZLE-SCHACHTEL:
‹VIER BIS SIEBEN JAHRE›.»

Eisfischen – mit 60 Jahren zum Olympiasieg?

Der Faszination des EISFISCHENS (und der gebotenen Möglichkeit, doch noch zu einem **OLYMPIASIEG** zu gelangen) konnte auch Dölf (**geb. 1942**) sich nicht entziehen. Er kaufte eine entsprechende Ausrüstung. Es ging nicht lange, und er befand sich auf einer spiegelglatten Eisfläche. Voller Tatendrang und Erwartungen begann er mit dem Bohren. Ein graumelierter Mann erschien und erklärte Dölfen höflich, hier könne er nicht bohren. Dölf verschob sich rund 40 m und begann erneut mit Bohren. Diesmal energischer schritt besagter Mann erneut ein. Dölf: «Wär syt Dir eigetlich? Syt Dir ä ISCHHEILIGE?» Der Angesprochene:
«My Name isch Georg Krneta, Präsident vom SC Bärn.»

Angesichts des bestimmten Auftretens des SCB-Präsidenten packte der Chef VBS seine Utensilien zusammen und begab sich wortlos von der EISFLÄCHE DES STADIONS ALLMEND in das SPORT-PENTAGON, Bundeshaus Ost, 3003 Bern.

***

Nach zusätzlichen Informationen durch Kandersteg Tourismus erfreut sich das EISFISCHEN in Bundesrat OGIS Heimatort insbesondere auf dem OESCHINENSEE immer steigender Beliebtheit. Ob nun Dölf nach dem Abbruch der ÜBUNG EISSTADION ALLMEND auf heimatlichem Eis die auch Senioren OLYMPISCHES METALL versprechende Disziplin ausübt, konnte (noch) nicht abgeklärt werden.

Schon kreist die neue Olympische Devise um die Welt: «OLYMPIC GOLD WITH 60!»

Let us go, Dölf!

Kandersteg

...rferienort · Station d'été et d'hiver · Summer and winter resort
Schweiz / Suisse / Switzerland

Gefreiter
Josef Aufdemstroh
Moosegg
3438 Lauperswil

Kandersteg, 16. November 1999/so

Eisfischen am Oeschinensee

Sehr geehrter Gefreiter Aufdemstroh

Vielen Dank für Ihre Anfrage betreffend dem Eisfischen am Oeschinensee.

Gerne geben wir Ihnen dazu folgende Informationen:

- zum Eisfischen benötigen Sie ein Tages- oder Wochenpatent.
  Preis für im Kanton Bern Niedergelassene:

1 Tag	Fr. 25.--
1 Woche	Fr. 75.--

- Sie müssen die erforderlichen Hilfsmittel zum Lochbohren selber mitnehmen. Häufig sind jedoch bereits Löcher vorhanden, bei denen nur noch die oberste dünne Schicht weggeschlagen werden kann.

- gefischt wird vor allem auf Saiblinge und Kanadische Seeforellen, die Technik ist das „Grundfischen"

- Erreichen können Sie den Oeschinensee mit dem Sessellift, ab Bergstation ca. ½ Std. Wanderung zum See (ideal mit Schlitten). Vor Mitte Januar liegt der See ausschliesslich im Schatten - genügend warme Kleider mitnehmen!

Haben Sie noch Fragen? Zögern Sie nicht, wir stehen Ihnen gerne zur Verfügung.

Mit freundlichen Grüssen
Kandersteg Tourismus

Jeran Vils
Tourismusdirektor

Berner Oberland

Kandersteg Tourismus · CH-3718 Kandersteg
Telefon ++41 (0)33 675 80 80 · Telefax ++41 (0)33 675 80 81
http://www.kandersteg.ch · e-mail: info@kandersteg.ch

Ferienregion
LÖTSCHBERG

Josef Blatter/Fussball-EM 2008 in der Schweiz?/ TOULOUSE-LAUTREC/FIGAROS HOCHZEIT

Am 20. November 1999, 18 Uhr, empfing im Bundeshaus Ost (PENTAGON) Sportminister Adolf OGI den FIFA-Präsidenten Josef BLATTER. Sie sprachen vor allem über die Möglichkeit der Durchführung der Fussball-Europameisterschaft (EM) 2008 in der Schweiz.

Am Schluss des Gespräches wurde noch dieses und jenes erörtert. Sepp Blatter fragte seinen Freund Dölf Ogi, was er von TOULOUSE-LAUTREC halte.

Dölf: «Das isch ä hervorragendi Mannschaft; defensiv u offensiv sehr stark; si spilt ä gepflegte kontinentale Fuessball. Herrlich isch ihres schnelle Kurzpassspiel. Mi gseht no d'Schuel vom Daniel Jeandupeux.»

Beim FC Toulouse war der frühere schweizerische Nationalspieler und Coach der Nationalmannschaft Daniel JEANDUPEUX als Trainer tätig.

***

Um 19.30 Uhr liess der festlich gekleidete Bundesrat Ogi sich mit einem Taxi in die Heiliggeistkirche, anschliessend in die Nydeggkirche und zuletzt in das Berner Münster fahren. Dem aufmerksamen Taxichauffeur entging die Nervosität des Magistraten nicht. Er fragte diesen: «Herr Bundesrat, bruchet Dir my Hiuf?» Bundesrat Ogi: «I bi hüt am achti zu **FIGAROS HOCHZYT** iglade. I weiss nüm, i weler **Chiuche** Trouig isch.»

Kommentarlos steuerte hierauf der Taxichauffeur das Stadttheater an. Rechtzeitig traf dort der Chef **VBS** (Mitglied des **V**ereins **B**erner **S**tadttheater seit 20. November 1999) ein.

PENTAGON
HEILIG-
GEIST
KIRCHE
BERNER
MÜNSTER
Figaros
Hochzeit
Nydegg
Kirche
STADT
THEATER

Bundesrat Adolf OGI hilft verunfallten Sportlerinnen/Sportlern

Der Schweizerische Tennisverband brachte eben einen neuen Turnschuh auf den Markt unter der Bezeichnung «**OGIdas plus**». Es handelt sich um einen Turnschuh OHNE PROFIL, extrem gut geeignet für Tennisspieler. MARTINA HINGIS hofft, mit diesem Schuh KEINE SATZVERLUSTE mehr zu erleiden.

Darauf hinzuweisen ist, dass Bundesrat OGI immer schon mit dem ERSTEN SATZ gewisse Mühe bekundet.

Der Reinerlös aus dem weltweiten Verkauf von «OGIdas plus» wird der Stiftung für verunfallte Sportlerinnen und Sportler zufliessen. Patronat: **VBS** (**V**ery **B**est **S**hoes).

Der Brunnen der Lüge («Lugibrünnli»)

Weiland zu den Amtszeiten von Bundesrat Otto STICH war im Dachgeschoss des Bundeshauses das «Lugibrünnli» installiert. Die Mitglieder unserer Landesregierung hatten jährlich einmal in das «Lugibrünnli» zu steigen. Je tiefer sie in diesem Orakel versanken, desto geringer war die Glaubhaftigkeit ihrer Politik.

Bundesrat Flavio COTTI unterzog sich dieser Prozedur im Alleingang.

Am Tag darauf begaben sich die Bundesräte Otto STICH und Adolf OGI gemeinsam zum «Lugibrünnli». Bundesrat STICH stieg als erster in den FONTAINE de la VERITE. Er versank bis zur Nase im Wasser. Dann stieg Bundesrat OGI in das Wasser; der Test war fertig, als ihm das Wasser bloss bis zu den Knien reichte.

Bundesrat STICH: «Unbegriflich und ungrächt,
dass i so tief gsunke bi und Du so weni!»
Bundesrat OGI: «Du muesch und Du darfsch wüsse:
I schtah uf em Flavio!»

Nach der Illusion Sion 2006: Bundesrat OGI stellt Namensänderungsgesuch

Bundesrat Adolf **OGI** (= **O**lympic **G**ames **I**taly) hat eben ein Namensänderungsgesuch auf **OGIS** (= **O**lympic **G**ames **I**n **S**witzerland) eingereicht. Der Chef VBS liess verlauten, sein Namensänderungsgesuch möge die Helvetierinnen und Helvetier anspornen, sich früher oder später wieder um die Durchführung Olympischer Winterspiele zu bewerben.

***

Auf dass des Dölfen **VISION**
Nicht enden möge **WIE SION**!

JllusION 2006

Der Chef VBS prüft neue Bedeutung der «4 F»

Dölf steht vor dem schwierigen Entscheid, ob er die SLOGANS der Turner/Turnerinnen (**F**risch–**F**romm–**F**röhlich–**F**rei) übernehmen oder die anderen 4 F einführen will:
Faterland–**F**erpflegung–**F**lichtgefühl–**F**ERDEPFLEGE.

Letztere Disziplin drängt sich auf, weil in Helvetien eine grosse Liebe zu den Pferden besteht; man weiss zudem, dass Dölf grosse Achtung hat vor Rüedu **MINGER**, einem Pferdenarren (als Bundesrat erschien er des öftern hoch zu ROSS mit Stumpen im GRING). Dölf weiss auch, dass im Jahre 1937 in Münsingen zu Ehren von Rüedu ein grosses DEFILEE stattfand. Bezeichnend: Es defilierte nur die KAVALLERIE. Neben Rüedu sass auf der Ehrentribüne der deutsche Gesandte Ernst von Weizsäcker, Vater des späteren Bundespräsidenten Richard von Weizsäcker. Am Schluss des Defilees fragte der sich um die Bewaffnung unserer Armee sehr interessierende Gesandte: «Herr Bundesrat, könnte ich nun noch Ihre **PANZER** sehen?». Darauf Rüedu: «Wollen Sie gleich BEIDE sehen?» (In der Fragestellung Rüedus kam zugleich treffend die auch für Dölf geltende KENNTNIS DER EINZELHEITEN DER AUSRÜSTUNG DES HELVETISCHEN HEERES zum Ausdruck: Rüedu wusste genau, dass der dritte Panzer unserer Armee sich in REPARATUR befand.)

***

Auch im pferdereichen NAPF-Gebiet ist keine Begeisterung festzustellen, dass die Halterprämien von Fr. 600.– pro Pferd ab 1.1.2000 der eidgenössischen Sparwut zum Opfer fallen und die Zahl der stellungspflichtigen Pferde weiter verkleinert wird.

Der Gefreite Josef Aufdemstroh – stolzer Eigentümer einer dissuasiven furchterregenden **PFERDEGASMASKE in Tarnfarbe** – kann sich damit trösten, dass sein seltsames Rüstungsgut noch seltener wird und demzufolge langsam, aber sicher eine Wertsteigerung erfährt.
Der PFERDEGASMASKENVALUE ist dem SHAREHOLDERVALUE – so ein Finanzanalyst – klar vorzuziehen …

Rücktritt: einfach/effizient/GOLDENE Einrichtung

Ein Zweisterngeneral des helvetischen Heeres war in wesentlichen Teilen mitverantwortlich für den teuren, administrativ sehr aufwändigen und nicht armeegerechten Einsatz von pfeffersspraybewaffneten AdA für die Betreuung von Asylsuchenden. Der Gefreite Josef Aufdemstroh hat vor Ort mehrmals rechtsgenügend festgestellt, dass beispielsweise die HEILSARMEE für die Betreuung von Asylsuchenden rund zwanzigmal (!!!!) weniger Personen brauchte als die Schweizer Armee für eine **identische Betreuungsaufgabe**. FELIX HELVETIA!

Viel zu spät und viel zu wenig wurde der ZIVILDIENST (pro Jahr würden rund 50 000 Zivildiensttage zur Verfügung stehen!) für diese Aufgabe eingesetzt. Kein Wunder: Der besagte General verwechselte während langer Zeit den Zivilschutz mit dem Zivildienst.

Ein Mitbürger – in Sorge um der Armee zugewiesene Aufgaben und um unsere lädierten Bundesfinanzen – schrieb dem Chef VBS, er möge einen tüchtigen **FAHRRADMECHANIKER** der Armee beauftragen, dem genannten General den **Rücktritt** zu erklären. Die sog. Rechtsstellungsverordnung enthält sehr, sehr sanfte Rücktrittsbestimmungen mit wunderbaren GOLDENEN Fallschirmen.

Soeben ist beim Gfr Josef Aufdemstroh folgende Meldung eingetroffen: Besagter Divisionär (u.a. Absolvent des Infantry Officer Advanced Course in Fort Benning, USA) übernimmt ab 1.1.2000 das **Kommando einer Felddivision.**

Er findet hier ein Tätigkeitsfeld vor, das ihm zweifellos besser entspricht als die jetzige Bürotätigkeit.

Dîner ou à la carte?

Bei strahlendem Wetter hatte Dölf zusammen mit dem Gefreiten Fritz Gertsch, einem früheren Angehörigen der von Dölf kommandierten Geb Gren Kp 17, das **Matterhorn** bestiegen.

In Zermatt kehrten sie nach dem Abstieg ein. Sie hatten einen Heisshunger.

Der Kellner fragte sie: «Dîner ou à la carte?».
Gfr Gertsch zu Dölfen: «Was het er gseit?»
Dölf: «Er het gfrägt, ob mir DINNE oder IM GARTE welle ässe.»

Zugleich stand Dölf auf und forderte seinen Bergkameraden auf, ihm in den GARTEN zu folgen.

OGItatorisch

Alljährlich vermag das Gurten-Rock- und -Popfestival ein immer jünger werdendes Publikum auf den Berner Hausberg anzulocken.
So erstaunte es männiglich und fraulich, als beim diesjährigen Anlass gegen Mitternacht Dölf Ogi beim Haupteingang West vehement um Einlass begehrte, ohne Ticket notabene. Als ihn schliesslich der Obertürsteher Jimy H. zur Rede stellte und Dölfen fragte, warum denn ausgerechnet er hier «reinzubrennen» (berndt. für sich reinzuschmuggeln) gedenke, antwortete der offensichtlich **hell begeisterte Besucher**: «Jäh, guete Mah, wüsst dr, ich bin vorhäre im **Taxi** gfahre und han uf emene Chläber gläse: **‹Gurten obligatorisch›**.»

Von den Jungen rund um Bern hört man – mit Bezugnahme auf den Capitano Dino Bel**lasi** – da und dort den Ruf: «VERZICHT AUF DIE EXPO!» («EXPO **LASI**!») und «AUSBAU DES GURTEN-FESTIVALS!»

Wie dem auch sei: Der Gfr Josef Aufdemstroh ist **für** die Expo 2002.

EXPO 2002 – FREUDE HERRSCHT!

Brand des Ferienhauses von Bundesrat Adolf Ogi

Nach einem Blitzschlag ist der 1. Stock des Ferienhauses von Bundesrat Ogi ausgebrannt.
Die Schätzung des Gebäudeschadens durch die GEBÄUDEVERSICHERUNG des Kantons Bern (GVB) bot keine Schwierigkeiten. Hingegen gab der Schaden an den stark angesengten 30 GLOBI-Büchern Anlass zu Diskussionen. Zum Schadenereignis hielt Direktor Albrecht **Immerzahl**, Schadenchef des involvierten HAUSRATVERSICHERERS, fest:

«Grundsätzlich entschädigt der Hausratversicherer verbrannte Globi-Bücher – auch nach Gebrauch – zum Neuwert; in Abzug kommen gegebenenfalls lediglich vorbestandene Schäden. Bundesrat Ogi hatte nun aber seine Globi-Bücher SELBST ANGEFÄRBT und dadurch dermassen Schaden angerichtet, dass die korrekte Wertermittlung nach dem Brand eine Entschädigung von Fr. –.– ergab. Wir bedauern sehr, ihm unsere entsprechende Leistungsverweigerung bekanntgeben zu müssen.»

Sägmehl im GRIND

Dölf OGI ging mit einigen Adlaten auf die Suche nach dem berühmt-berüchtigten/legendären **RÖSTI-GRABEN**. Da ein solcher nur in den Vorstellungen gewisser Medienschaffender und einiger wirrer Politikerinnen und Politiker existiert, konnten sie den mysteriösen Graben NICHT finden.
FREUDE HERRSCHTE!

Am Schluss ihrer Erkundung gingen sie einem Bach entlang und kamen zu einer Sägerei. Einer der Begleiter sagte zu dem munter seines Weges schreitenden Chef VBS: «Du Dölf, du bisch doch z La Neuveville im Wälsche gsi u chasch doch Französisch. Wie seit me iz scho wider SAGMÄHL uf französisch?» Dölf überlegt, greift sich an den Kopf und sagt: «Es chunt dr Momänt nit, aber es troolet mer im GRIND umhi.»

(Vive la fameuse «sciure de bois»,
elle n'est pas dans la tête de DÖLF NATIONAL.)

Dölf Ogi – Gesprächsthema auch in einem berühmten «Bedli» des Emmentals

Im wohl bekanntesten «Bedli» des Emmentals drehte sich in fröhlicher Gesellschaft beim «Merängge-Tessär» das Gespräch plötzlich um Bundesrat-OGI-Witze.

Ein Lehrer: «OGI sagt, alle Lehrer ...» Der Lehrer wurde unterbrochen. Oben am Tisch riefen mehrere: «Hör auf, dieser Witz ist längst bekannt.»

Darauf ein Jurist: «OGI meint, alle Juristen ...»
Der Jurist wurde – teils mit Buh-Rufen – unterbrochen. «Hör auf, dieser Witz ist längst bekannt.»

Darauf stand ein würdevoller Pfarrer auf und dozierte: «Herr Bundesrat OGI denkt ...» Der Pfarrer wurde unterbrochen, und begeistert riefen alle:
«Was, **OGI DENKT**, das ist wirklich neu, fahre weiter!»

Noch vor 100 Jahren gab es rund 20 Bäder, die im ganzen Emmental verstreut waren. Ihre Standorte lagen stets ausserhalb der Wohngebiete.
Es waren mehr oder weniger verschwiegene Lokalitäten, die «wegen des gesunden Wassers und der lustigen Gelegenheiten» von Kranken und Gesunden, Jungen und Alten gerne besucht wurden.

Ab und zu musste die Obrigkeit einschreiten: So beklagte sich der Landvogt zu Trachselwald über «ergerliche Zusammenkunfte mit nechtlicher Uslöschung der Liechteren und Undermischung Mannen- und Weiberen in Bade-Kasten ganz ungescheucht und unabgewehrt». Solche Sitten dienen «nit zur Erreichung mangelnder Gesundheit», sondern «der Geylheit und grossen Muotwillens».

Bundesrat Adolf OGI als Fallschirmspringer

Im Frühjahr 1999 besuchte der Chef VBS einen TK der Fallschirmaufklärer. Er liess sich am TANDEMFALL-SCHIRM ausbilden. Nach kurzer Instruktion bestieg der Verteidigungsminister das Flugzeug und sprang im **Raum des Bundesratbunkers** ab. Damit der Chef **VBS** – am Fallschirm hängend und im Genuss eines **V**ery **B**eautiful **S**ight – beim Öffnen des Fallschirms nicht von der Bremswirkung überrascht werde, rief der Fallschirminstruktor Dölfen zu: «Achtung, Schirm auf!» Verblüfft entgegnete ihm der munter sich in der Falllinie bewegende Bundesrat: «Warum? **Rägnet's?**»

Gelände beim Bundesratsbunker

Winnetou auf dem Mount Everest des Emmentals (1409 m ü. M.)

Der Verteidigungsminister hatte grossen Gefallen gefunden am Tandem-Fallschirmabspringen.

Er entschloss sich, sich im TK 1 Fsch Aufkl am Einzelfallschirm ausbilden zu lassen, mit vorgesehenem Absprung auf dem **NAPF**.

Bei der Instruktion erklärte man dem Militär-/Sportminister, er solle nach dem Absprung aus dem Helikopter «Alouette III» das dreisilbige Wort «**WIN-NE-TOU**» aussprechen und dann den Fallschirm öffnen.

Dölf sprang. Dann rief er verzweifelt: «Wie heisst dä INDIANER? I ha sy Name vergässe!»

Aune seit me nume Du

Nach der **perfekten Landung auf dem NAPF** (Landekorrekturen waren erfolgreich vorgenommen worden) stieg Dölf hinunter in den Fankhausgraben. In der dortigen bewilligungsfreien Alpwirtschaft wollte er mit der zweiköpfigen Helikopterbesatzung, dem Chauffeur und zwei Gemeinderäten von Trub das Mittagessen einnehmen.

Dölf betrat die Wirtschaft und setzte sich an einen Tisch. Die vorgesehenen Begleiter waren noch nicht anwesend.

Die muntere Serviertochter:
«Was wosch treiche? Wär bisch eigetlech?»

Dölf:
«Mi Name isch Dölf Ogi, Bundesrat.»
Darauf die Serviertochter:
«De wosch däich o öppis ässe?!»

Eine halbe Stunde später tischte die Serviertochter den genannten sechs Mannen das **Mittagessen** auf. (Vergleiche die Rechnung auf übernächster Seite.)

Freude herrschte!

Im Reich Gotthelfs ist es üblich, dass man einander duzt; im Volkslied wird dies festgehalten:

> «Da git's nüt vo Komplimänte,
> **Aune seit me nume Du:**
> Sig's dr Miuchbueb mit dr Bränte
> Oder trag er **OGI-Schueh**.»

(OGIdas-Schuhe S. 27; OGIdas-plus-Schuhe S. 42)

Die beiden Gemeinderäte aus Trub und der Sportminister führten ausgedehnte Gespräche über das **Schwingen** (zwar nicht ein Sport, sondern ein Spiel). Trub war einst die Hochburg vieler «böser» Schwinger. Der Gefreite Aufdemstroh ist stolz auf seinen Urgrossvater, gewesener Landwirt und Gemeindepräsident von Trub: Auch er erkämpfte sich die Königswürde. Etwa im Alter von 60 Jahren brach er sich ein Bein; er wurde bettlägerig. Er wollte seine Kühe sehen. Naheliegend: Man hätte ihn in den Stall tragen können. Mitnichten!
Er befahl: «Zimmerlüt zueche! – Usebräche vo der Schlafstubewang! – Vorfüehre vo dä Chüeh ir Schlafstube!»

Der Gefreite Aufdemstroh ist zum Leidwesen seiner Mitmenschen oft stur. Die Sturheit begründet er – wie gäbig – mit (unverschuldeten) Erbanlagen.

Rechnung 18. Oktober 1999

Alpwirtschaft
NAPFLOCH
Fankhaus | Trub

Herrn Bundesrat Adolf OGI (+5 Begleiter)

Mittagessen (6 Personen) nach
Fallschirmabsprung vom 18. Oktober 1999
auf den NAPF

6 Hübeliwürste mit Härdöpfusalat	57.–
1/2 Liter Huswy	12.–
4 Meränggge	20.–
6 Kaffee	13.80
2 Kaffee fertig	7.60
Mineralwasser	6.–
1 VILLIGER-Stumpen	–.60

Betrag von Fr. 117.– am
18. Oktober 1999 dankend erhalten
Alpwirtschaft NAPFLOCH
H. [illegible]

Total MWST (inkl.) 117.–

Revisionsbemerkungen: Abwicklung des Finanzgeschäftes i.O.
Die Unterzeichnenden haben diese Abrechnung geprüft und erfreut festgestellt, dass bei den Konsumationen den Sparanstrengungen des Bundes in vorbildlicher Weise Nachachtung verschafft wurde.

Die Auszahlung des Betrages von Fr. 117.– durch die Schweizerische Nationalbank erfolgte korrekt an den Rechnungsführer. Konsequenzen aus Fall B. wurden gezogen.

Eidgenössische Finanzkontrolle
Contrôle fédéral des finances
Controllo federale delle finance

Bern,
den 26. Oktober 1999

Sektion 3.1 Militärische und zivile Landesverteidigung
Section 3.1 Défense nationale militaire et civile
Sezione 3.1 Difesa nazionale militare e civile

D Einnahmebeleg für die Truppenbuchhaltung
Pièce de recette pour la comptabilité de troupe
Pezza d'entrata per la contabilità della truppa

No

Rechnungsjahr
Exercice
Anno d'esercizio
(leer lassen / laisser en blanc / lasciare in bianco)

Konto / Compte / Conto

99			

Betrag / Montant / Importo

Fr.

Die unterzeichnete Bank oder Poststelle hat an die nachstehend aufgeführte Truppe ausbezahlt (Einnahme in der Dienstkasse).

La banque ou l'office postal soussigné a payé à la troupe désignée ci-dessous (Recette dans la caisse de service).

a banca o l'ufficio postale sottoscritto ha pagato alla truppa sotto indicata (Entrata nella cassa di servizio).

Franken
Francs
Franchi 117.-

(Höchstbetrag – montant maximum – importo massimo Fr. 100 000.–)

Vorschussmandat ausgestellt von
Mandat pour avance émis par
Mandato di anticipazione emesso da

Stempel und Unterschrift der Truppe
Timbre et signature de la troupe
Bollo e firma della truppa

Spezialdetachement Fallschirmabsprung
des Chefs VBS im Raume NAPF

Ort und Datum:
Lieu et date:
Luogo e data: 3557 Fankhaus/Trub, 18.Okt.1999

Zuständiger Officer
Officier compétent
Ufficiale competente

Rechnungsführer
Comptable
Contabile

Ausbezahlt:
Payé:
Pagato:

Stempel und Unterschrift der Einlösungsstelle (Bank oder Poststelle)
Timbre et signature de l'office de paiement (banque ou office postal)
Bollo e firma dell'ufficio di pagamento (banca o ufficio postale)

Ort und Datum:
Lieu et date:
Luogo e data:

Der Betrag von Fr. 117.- wurde am 18. Oktober 1999, ca. 16.30 Uhr, von der Schweiz. Nationalbank Bern dem obgenannten Rechnungsführer (dieser hatte sich entgegen früheren Usancen der Schweiz. Nationalbank auszuweisen) ausbezahlt.

«Nach Ihnen, Tristan und Isolde!»

Bundesrat OGI stand an der Theaterkasse (Vorverkauf) Schlange. Das Paar vor ihm erbat die Karten wie folgt: «Bitte die beiden Karten für TRISTAN und ISOLDE.» Worauf Adolf, sobald er an der Reihe war, ganz Mann von Welt, kundgab: «Bitte die beiden Karten für Adolf und Käthin.»

STADT-
THEATER
KASSE

Für Dölf hiess es schon früh: «TRISTAN!»

In der Schweiz fanden im Jahre 1954 die Fussballweltmeisterschaften statt. Am gleichen Samstagnachmittag, an dem die Schweiz in Lausanne gegen Österreich nach einer 3:0-Führung 7:5 verlor, stand Dölf im Grümpelturnier in KANDERSTEG im Einsatz. Mit einem Gewaltsschuss verfehlte er das Tor. Der Ball flog in einen Weiher hinter dem Tor. Der Schiedsrichter forderte Dölfen auf, den Ball den Wassermassen zu entreissen. An dieser Aufforderung des Schiedsrichters HERRSCHTE bei Dölf **KEINE** FREUDE: «Niemer will **DRI STAN, UND I SOLL DE!**»

Zuschauerinnen am Grümpelturnier in Kandersteg (Juni 1954)

«Ein tiefer Fall führt oft zu höherem Glück» (Shakespeare)

Im schneereichen Winter 1998/1999 war der Vorplatz zum Eingang in das Pentagon vor allem in der Morgenfrühe öfters verschneit und vereist.
Morgens kurz nach sechs Uhr glitt dort eine ältere Dame aus und stürzte auf die Eisfläche. Des Weges kam Bundesrat Adolf Ogi. Er half der Dame beim Aufstehen.

Diese bedankte sich beim Magistraten:
«Härzleche Dank, Herr Bundesrat. Säget mir, wie chan i Euch ä Gfalle tue?»

Der Sportminister: «Äs würd mi fröie, we Dir würdet i d'**SVP iträte**.»
Die Dame: «Herr Bundesrat, i bi uf ds **Füdle** u nid uf ä **Gring** gheit.»

Internationale Trinksitten

Nach dem internationalen Parlamentarierskirennen 1999 in Davos begaben sich ein englischer Lord und Bundesrat Ogi in ein vornehmes Restaurant in Erwartung der Rangverkündigung. Der Lord bestellte ein DUNKLES, unser Sportminister ein HELLES Bier.
Der Lord erhob sein Glas mit dem Trinkspruch:
«On your HEALTH!»
Dölf replizierte: «On your DUNKUS!»

Kreuzworträtsel

Dölf oblag dem Lösen eines Kreuzworträtsels.
Fragestellung waagrecht 2 (3 Buchstaben):
«Schweizerischer Bundesrat».
Dölf schrieb selbstbewusst: **ICH**.

Heikle Rechtsfrage (Art. 36 SVG, Art. 14 ff. VRV)

Kreuzung von 4 Nebenstrassen. Gleichzeitig fahren mit ihren Autos auf die Kreuzung zu:

A (Osterhase)
B (Samichlaus)
C (IOC-Mitglied Adolf Ogi)
D (Anita Weyermann)

Wer hat (und warum) Vortritt?

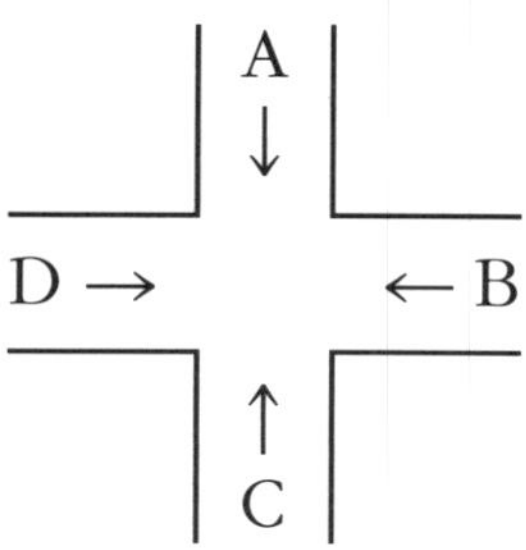

Lösung: Anita Weyermann.
Den Osterhasen gibt es nicht.
Den Samichlaus gibt es nicht.
Das **IOC-Mitglied** Adolf Ogi gibt es nicht.

Der Chef VBS besucht das Kriminalmuseum der Kantonspolizei Bern

Samstag, 13. November 1999, 6.00 Uhr, Fraubrunnen: Dölf Ogi – im Trainingsanzug, sturzhelmgeschmückt – startete zu einer nahrhaften Velo-Trainingsfahrt.

Unterwegs kam ihm plötzlich die Idee, er könne das KRIMINALMUSEUM DER KANTONSPOLIZEI BERN (Nordring 30, Bern; nicht allgemein zugänglich) besichtigen. Dölf wusste, dass sich dort **armeerelevante Ausstellungsgegenstände** befinden: in verbrecherischer Absicht abgeänderte Armeewaffen; Zeitzünder; Rohrbomben; für Gaunertricks – z.B. Heiratsschwindel – privat hergestellte Offiziersuniformen; usw.

An der Loge stellte sich der Chef VBS vor. Der junge Polizist an der Loge: «Dir glychet zwar am Bundesrat Ogi. I zwifle aber, ob Dir nä würklech syt. Zeiget mir Eue USWIS». Dölf erklärte, er habe keinen Ausweis bei sich.

Der Polizist: «I beharre uf em Uswis. O dr ALBERT EINSTEIN u dr FRIEDRICH DÜRRENMATT – beidi si o hie gsy – hei sich müesse uswise». Dölf: «Was die ZWE SEHR GUETE BUNDESRÄT gmacht u nid gmacht hei, isch mir glych. Löt mi inhi!»

Darauf weitere resultatlose Wortgefechte.
Unerwartet kam plötzlich ein Polizeioffizier des Weges. Er identifizierte den Wehr-/Sportminister innert Sekunden. Der Chef VBS machte hierauf einen für ihn sehr lehrreichen Rundgang – mit sachkundiger Begleitung – durch das Kriminalmuseum.

Bei warmen männerstärkenden Morgentassen erörterten hierauf Bundesrat Ogi, der gestrenge Logenpolizist und der Polizeioffizier museumsbezogene Armee- und Sicherheitsprobleme. FREUDE HERRSCHTE!

Algebra

Dölfs Sohn beim Nachtessen zu seinem Vater:
«My erscht Schueltag i dr 7. Klass isch sehr interessant gsy. Zerscht Mal han i ALGEBRA gha».
Der Vater: «Das isch guet so. Säg emal: Wie heisst ‹Guete Tag› uf ALGEBRA?»

Robinson

Ein hoher VBS-Beamter suchte seine fehlende sachliche Kompetenz durch Originalität zu kompensieren. Eine seiner zahlreichen schriftlichen Weisungen an seine Mitarbeiterinnen und Mitarbeiter lautete:
«Die ROBINSON-Methode – warten auf FREITAG – hat sofort zu verschwinden.»

Eine derart salbungsvolle Formulierung missfiel Bundesrat OGI; zudem konnte auch er mit dem Terminus «sofort» nichts anfangen (vgl. Seite 33).
Er stellte die seltsame Schriftstellerei innert fünf Minuten ab.

«Wenn gute Reden sie begleiten/ Dann fliesst die Arbeit munter fort» (Schiller)

Unseres Sport- und Militärministers legendärste Rede? Wohl diejenige anlässlich einer Werbeveranstaltung für die Olympischen Winterspiele 2006 in SION.
Er begann seine Rede mit den Wortfetzen «O», «O», «O», «O», «O» und gab auf diese Weise das olympische Logo mit den 5 Ringen wieder.

Der Chef VBS vor einem schwierigen Entscheid

Der Chef VBS erhielt im Herbst 1999 folgende Zuschrift:

Beschwerde

Sehr geehrter Herr Bundesrat
Ich besuchte kürzlich bei grosser Hitze das Büro Nr. 997 des Pentagons. Im sehr schwülen Büro zirkulierte eine Unmenge **Fliegen**. Auf meine entsprechende Bemerkung erwiderte der mir unbekannte Bundesbeamte: «Öji Bemerkig isch richtig. Es si **34** Flöige i däm Büro».

Ich machte eine **Nachzählung** und stellte **zweifelsfrei** fest, dass nur **29** Fliegen den Raum bevölkerten/beflogen. Sie wollen dafür sorgen, dass inskünftig das VBS derartige Falschmeldungen unterlässt. Falschmeldungen über unseren **Luftraum** wirken sich besonders negativ aus.

Es grüsst Sie freundeidgenössisch
Iustus Fliegermann, 3333 Erbsendorf

Folgenschwere Windböe

Kürzlich verzehrte Bundesrat Pascal Couchepin in seinem Büro genüsslich ein Vollkornsandwich, stand am offenen Fenster und erfreute sich am Anblick der Aare und der weiteren und näheren Umgebung.

Eine kräftige Windböe riss dem Volkswirtschaftsminister das Sandwichpapier aus den Fingern und blies dieses direkt in das Büro des Verteidigungs-/Sportministers.

Pascal Couchepin, ein wenig «hors façon» ob dieser Peinlichkeit, veranlasste seine Sekretärin, dieses Papier zurückzuholen.

Fünf Minuten später kommt diese zurück und sagt: «Ich bin leider zu spät gekommen, Herr Ogi hat das Papier bereits unterschrieben.»

«Rückwärts, rückwärts, Don Rodrigo! Deine Ehre ist verloren.» (Herder, Der Cid)

Dölf fuhr **rückwärts** mit seinem Personenwagen auf dem schmalen Strässchen zum Aussichtspunkt CHRUTTBERG. Ein heuender Bergbauer zu Dölfen: «Warum fahret Dir rückwärts?»
Dölf: «Mir isch bekannt, das me uf em CHRUTTBÄRG nid cha chehre».

Eine halbe Stunde später fuhr Dölf – vom CHRUTT-BERG herkommend – rückwärts zu Tal und rief triumphierend dem Bergbauern zu: «I ha doch chönne chehre!»

LE nez oder LA nez?

Dölf hatte schon immer ein feines Näschen für medienwirksame Auftritte. So wurde er vom welschen Fernsehen zur Emission «**L'année** politique 1999» eingeladen. In der Sendung verblüffte dann vor allem Ogis erste Bemerkung, als er dem Gastgeber und auch dem Publikum dankte: «...pour le titre **LA nez** politique ...»

Mit CHAMPAGNE (VD) ohne GLAS in der Ehrenloge des Stadttheaters Bern

Der Bundesrat in corpore besuchte am Abend des 18. September 1999 das Stadttheater Bern. Als letzter erschien Bundesrat Adolf OGI. Bundesrat OGI nahm – welch' FREUDE HERRSCHTE – vom Theaterdirektor eine Flasche **CHAMPAGNE (VD)** als EHRENWEIN des Tages entgegen und setzte sich in die Ehrenloge, wo die übrigen Mitglieder der Landesregierung – bewaffnet mit **OPERNGLÄSERN** – bereits Platz genommen hatten. Die charmante Platzanweiserin – im Bestreben, auch Bundesrat OGI zu optimaler Sehkraft zu verhelfen – fragte diesen: «Herr Bundesrat wünschet Dir o äs **GLAS?**» Bundesrat OGI: «Nei danke, i trinke us der **FLÄSCHE!**»

«DIE WELTWOCHE» vom 9. 12. 1998: CHAMPAGNE oder Frankreichs späte Rache für Karl den Kühnen

Den stolzen gallischen Hahn zu kränken hat sich noch nie ausbezahlt. Und wenn man nur so schwach und machtlos ist wie die wenigen Winzer, die am Südwestufer des Neuenburger Sees alljährlich ihren Chasselas pressen, der auf dem sanft abfallenden Jurahang zu einem leidlich süffigen Tropfen heranwächst, dann erst recht nicht. Champagne heisst der kleine Flecken, von dem bis vor kurzem kaum ein Schweizer oder eine Schweizerin wusste, dass es ihn überhaupt gibt, und der in der Geschichte der Eidgenossenschaft zuvor nur ein einziges Mal aufgetaucht ist: 1476, als seine Bewohner wacker mithalfen, im nahen Grandson den Burgunderherzog Karl den Kühnen in die Flucht zu schlagen.

Doch inzwischen machen in Europa nicht mehr unbeugsame, mit Mistgabeln fuchtelnde Bauern die Politik, sondern Diplomaten mit Cocktailgläsern und Nadelstreifen. Weniger lächerlich ist es deshalb nicht geworden. Im Gegenteil. Allen Ernstes und mit allerlei negoziatorischem Druck hat es die Grande Nation inzwischen so weit gebracht, die vor über einem halben Jahrtausend siegreichen Winzer endlich in die Knie zu zwingen.

«Champagne», meldete am Mittwoch ein Radioreporter aus Brüssel, «liegt juristisch gesehen künftig in Frankreich.»

Man müsste lauthals lachen, wenn es nicht so himmeltraurig wahr wäre.

Der 700-Seelen-Flecken, der seinen Namen hatte, lange bevor in Frankreich jemand wusste, wie Schaumwein schmeckt, muss sich den Fürsprechern der prickelnden Weltmarken beugen. Pommery, Veuve Clicquot, Moët & Chandon, Dom Pérignan und wie sie alle heissen, bestimmen die europäische Politik. Die bilateralen Verträge wiegen schwerer als die Jahrhunderte alten, ungeschriebenen Rechte. Markenrecht kommt vor gesundem Menschenverstand.

Dabei besteht auch für eingeschriebene Mitglieder des Blauen Kreuzes nicht die geringste Verwechslungsgefahr mit den bauchigen Schaumweinflaschen aus der Grande Nation und deren Inhalt. Ganz gewöhnlicher Chasselas ist`s, zu 7.90 Fanken die Flasche, der in Champagne (VD) verkauft wird. Und die 50 000 Stück, die jährlich in der Region, und nur dort, abgesetzt werden, machen kaum ein Fünftelpromille der Champagnerproduktion aus. Der strittige Name des Rebortes steht nicht grösser auf den hundskommunen Weissweinflaschen als jener der Nachbardörfer auf den ihrigen; versehen obendrein mit der unmissverständlichen Bezeichnung «Vin fin du Pays de Vaud, Appellation Bonvillars d'origine contrôlée».

Das freilich hinderte das mächtige Comité interprofessionnel du vin de Champagne und seine gutbezahlten Anwälte und Öffentlichkeitsarbeiter nicht, aus der Maus ein Mammut zu machen. Seit Jahren schon versuchen sie in schier unnachahmlicher Arroganz die Champagnoux mit vorgedruckten

«Abstandserklärungen» samt Bussandrohungen zum Verzicht auf ihren eigenen Namen zu bewegen.
Und das Agrarministerium in Paris half in Brüssel wacker nach. Auch wenn die Protektionisten an der Seine das internationale Recht auf ihre Seite haben, dass die EU und die Schweizer Diplomaten schliesslich so brav mitgespielt haben in dem ridikülen Spiel, spricht nicht für den oft beschworenen Regionalismus und die gerne angerufene Subsidiarität im neuen Europa. Hart bleiben, Ihr Champagnoux! Noch ist Grandson nicht verloren.

Martin A. Senn

Zur Lage SCHWEIZ/BURGUND insbesondere im historischen, strategischen und ökonomischen Bereich

Warum die alten EIDGENOSSEN
Nicht ins BURGUND sind vorgestossen?
Sie stürzten sich – das war das «Lätze» –
Auf Karls des Kühnen GOLD'NE Schätze (1476).*
Strategisch waren sie nicht «in» –
Verschmähten den Terraingewinn …

Das GOLD (GELD), das war und ist halt eben
Etwas vom Wichtigsten im Leben.

Doch:
Gehörte das BURGUND zur SCHWEIZ,
Es würd' verlieren manchen Reiz:
Viel teurer würden dort Immeubles,
Fleisch, Milch, der Wein, das Brot, die Möbel …
Man müsst' auch dort kraftvoll entmisten
Das Reich der Käseunionisten.

Wohl ist bekannt: Im Reich der Franken
BENZIN muss man viel teurer tanken (+ 30 Rp./l.)
Ist die Idee dermassen folle,
Dass uns're VERT(E)S woll'n mehr «MOSCHT»-Zoll?

(Bitte zu diesem Problem u.a. den TCS und den ACS sowie die Astag fragen; allerdings sind deren Antworten heute schon bekannt.)

Gfr Josef Aufdemstroh

* Burgunderbeute – vorwiegend in GOLD und Geschützen im Wert von etwa 200 Mio. sFr. Mit Zins/Zinseszins seit 1476 ergibt dies einen Betrag von 1,3 Billiarden sFr. = sFr. 1'300'000'000'000'000.–. Übrigens: Wir wissen, dass man in solchen und ähnlichen Fällen über die **Verjährung** nicht spricht resp. nicht zu sprechen wagt.

HELDENTATEN der ALTEN EIDGENOSSEN

Die Heldentaten der alten Eidgenossen wurden uns in den Schulen x-mal vorgetragen. Wenig oder nichts hörten wir über die folgenden «Dinge» (Zitate aus Walter SCHAUFELBERGER, Dr. phil., emeritierter Professor für Schweizer Geschichte an der ETHZ, Oberst im Generalstab, «Der alte Schweizer und sein Krieg», 3. Auflage, 1987). Wir beschränken uns auf Ausführungen über die **BEUTE**:

«Beutelüstern waren die meisten Kriegsknechte der Eidgenossenschaft, was zur Folge hatte, dass sie sich eher um den persönlichen Profit als um die Erfordernisse einer wirksamen Kriegführung kümmerten. Dass sie vor allem darauf Bedacht nahmen, ihr Schäfchen ins Trockene zu bringen, und den anderen überliessen, sich mit dem Feind herumzubalgen.

Beim Studium der Beuterödel fällt auf, wie sehr Barette, Hüte, Käpplein, bunte Federn, seidene Röcke und Tücher den Eidgenossen in die Augen stachen. Selbst Frauenröcke fanden reissenden Absatz.

Als ein paar Gesellen auf dem Rückweg vom Eschental einige seidene Gewänder unter sich aufteilen wollten und die Rechnung nicht aufging, wurde sogar der restliche Rock noch zerrissen. Die Ärmel teilte man den einen, den Rumpf den beiden anderen zu.

Nach den Schlachten hob in den Lagern der Sieger jeweils ein geschäftiges Handeln an. Der eine tauschte seinen Eisenhut gegen einen besseren, der andere zwei böse Pferde gegen eine Armbrust ein. Dieser versetzte ein Pferd um 4 Pfund Haller und ein Kessel, jener ein Pferd und drei Decken um einen Gulden. Einer kaufte ein silbernes Kännlein und verkaufte es weiter um 5 Gulden und 2 Hemden. Der glückliche Sigrist von Thun strich für den Helm eines Adeligen blanke 50 Gulden ein. Ein Luzerner verdiente an fünf Silberplatten, welche er um 5 Plapparte erstanden, ein kleines Vermögen. Eine davon verschleuderte er zwar noch um 2 Gulden. Die nächsten zwei trugen ihm aber bereits 14 1/2 und die beiden letzten gar 15 Gulden ein. (Bei der Wertung dieser Beträge möge man sich immer vor Augen halten, dass ein eidgenössischer Kriegsknecht von höchstens 4 Gulden einen Monat lang leben sollte ...)»

Auch Dölf bereiste das Reich von Käru le Téméraire …

Dölf OGI war Teilnehmer einer Weinreise in das BURGUND. Besucht wurde auch das Archéodrome in Beaune. Mit dem Car auf dem Parkplatz vor dem Museum angekommen las Dölf auf der Strasse: **«SAUF BUS»**. Dölf zu seiner Gemahlin Käthi: «Gugg eis, itz gömer no ga tanke …»

***

Von Beaune reisten die Suisses et Suissesses nach **PERNAND-VERGELESSES** weiter zur Weindegustation. Dölf hatte mit **Gläsern** seine Erfahrungen u.a. im Stadttheater Bern gemacht (vgl. Seite 70).

Staatsmännisch der Verteidigungs- und Sportminister im Weinkeller:

> **«PERNAND** – je bois.
> **VERRE? – JE LAISSE.**
> Vive le **PERNAND-VERGELESSES!**

– Quel VIN PHANTASTIQUE vous avez!
Félicitations de tout mon cœur!»

Wird die HEILIGE KUH bald geschlachtet?

(Pressemitteilung VBS vom 27. September 1999 betr. BEVÖLKERUNGS-SCHUTZ)

Ein Schweizer namens OGI A.
Sorgt' kürzlich für den GRAND ECLAT:
Die ALLGEMEINE **WEHR**PFLICHT sei
Für Eidgenossen bald vorbei (?).
Ob wohl die ARBEITSGRUPPE NAPF
Bald zündet einen FREUDENCHLAPF?

In den Medien wurde – vorschnell – die freie Wahl der Dienstpflichtigen zwischen Dienst in der Armee und Dienst im Bevölkerungsschutz verkündet. Diese freie Wahl – mit Sicherung insbesondere des notwendigen Armeebestandes – gehörte zu den Zielen der ARBEITSGRUPPE NAPF (schalkhaft von einem Medienschaffenden als **N**ationale **A**ktion des **P**rogressiven **F**reisinns bezeichnet).

Auch hier ändern sich die Zeiten. Die Mitglieder der ARBEITSGRUPPE NAPF – mit Überzeugung für eine modern ausgerüstete, gut ausgebildete, kleinere und motiviertere Milizarmee eintretend – wurden vor sechs Jahren noch als «SUBVERSIV» bezeichnet.
Gerichte befassten sich mit entsprechenden Ehrverletzungsklagen usw.

FREUDE HERRSCHT, dass die freie Wahl heute ein salonfähiges, diskussionswürdiges Thema geworden ist. Die **freie Wahl** (mit Bestandessicherung) bedingt eine **Verfassungsänderung.**

Die Frage der **Bewaffnung** von im **Ausland** eingesetzten **Angehörigen der Armee** wird uns in Bälde noch vermehrt beschäftigen.

Es ist hier nicht der Ort, pro et contra zu erörtern.

Der Gefreite Josef Aufdemstroh ist **für** eine Bewaffnungsmöglichkeit dieser AdA mit u.a. strenger parlamentarischer Aufsicht/Oberaufsicht.

Auch der unbewaffnete Einsatz von AdA im Ausland bot Probleme

Nach mehrmonatigem Auslandeinsatz hatte der Kommandant (Oberst) der entsprechenden schweizerischen Truppen das Recht auf einen mehrwöchigen Urlaub. Begleitet von einer **jungen, sehr attraktiven Dame** unternahm er eine **Studienreise** durch sein Einsatzland.
Mit Argwohn, Skepsis, Neid usw. beobachteten die dortigen AdA die Reise ihres Kommandanten.

Bald einmal flogen Telefaxe nach Bundesbern.
Von **wehrkraftzersetzendem Verhalten** usw. des verheirateten Kommandanten war die Rede. Bedenken wurden geäussert wegen **Minderung des Ansehens der Schweiz im Ausland ...**

Bundesbern reagierte und forderte den Kommandanten zur Stellungnahme auf. Der Kommandant liess Bern wissen, angesichts der **drückenden Beweislast** lege er ein volles **Geständnis** ab, er hoffe sehr, dieses umfassende Geständnis werde zu milden Sanktionen führen. Abschliessend führte der Kommandant aus: «Ich schliesse meine Stellungnahme mit dem Hinweis, dass die Beschreibung der jungen Dame diese und mich ehrt. SIE IST MEINE TOCHTER. Sie wird Ihnen nach der Rückkehr in die Schweiz entsprechende DOK (Pass/Reisedokumente usw.) vorlegen.»

Reaktion des **VBS**: Ein «**V**erhaltenskodex **b**ei **S**tudienreisen» **(VBS)** soll in Zukunft ähnliche Vorkommnisse verhindern.

(Obige Story wurde dem Gfr Josef Aufdemstroh vom betreffenden Obersten geschildert.)

Mit FESTgeld lasst uns FESTE feiern!

Dölf erschien am Zibelemärit 1999 (22. November) mit einer gewaltigen Stossbäre* – gefüllt mit FÜNFLIBERN – vor dem Hauptsitz der Berner Kantonalbank (BEKB). Dölf wurde von den Passantinnen und Passanten erkannt, grosser Volksauflauf.

Auf die Frage eines Geschäftsleitungsmitgliedes der BEKB, weshalb er diese sehr anstrengende und sonderbare Fahrt unternommen habe: «I bringe herts Gäld, sogenannts **FESCHTGÄLD**, uf d Bank.
Das git viel meh **ZINS**.»

* Stossbäre oder Stossbänne = Schiebekarre
(vgl. Otto von Greyerz/Ruth Bietenhard, Berndeutsches Wörterbuch)

Last News (Agenturmeldung)

Bundesrat Adolf OGI brach sich am 28. November 1999 nach dem Sturz in eine **Bildungslücke** einen Fuss. Er musste in ein Spital eingewiesen werden.

***

Der Gefreite Josef Aufdemstroh hat am 29. November 1999 in ein bernisches Spital telefoniert und beiläufig der Dienst habenden Person obigen Witz erzählt. Diese befand sich in einem gewaltigen Stress und sagte zum Gefreiten Aufdemstroh sehr freundlich:

«I bitte nech um Verständnis, dass i jitz nid lang mit Öich cha rede. DARF I ÖICH MIT EM HERR OGI VERBINDE?»

***

Der Gefreite Aufdemstroh klärte hierauf die Auskunftsperson auf. Beide lachten herzhaft und liessen den gesunden und munteren Dölf des Pentagons hochleben:

Die NEWS, Dölf hab' den Fuss gebrochen,
Bei uns hat wahrlich nicht gestochen.

DÖLF NATIONAL ist voll im Saft –
Wir wünschen weiter ihm viel Kraft,
Gesundheit, FREUDE HERRSCH', Humor –
Vor Griesgram hab' er den Horror!

***